# 自家訓練系列 2

# 面試我不怕

關心妍、羅乃萱　著
Kyra Chan　圖

# 向孩子傳遞正向價值信念

家，是孩子的第一所學校。而父母，就是他最好的老師與示範。

這些年從事親子教育，眼見很多孩子被父母寵壞：動輒就大叫大喊發脾氣，但骨子裏卻是缺乏自信，不懂得愛惜自己、尊重別人。更不懂的，就是如何自律，安排時間，甚至收拾東西、做家務等等。

別以為這些是小事，讀好書考好成績是大事。

不。

當一個孩子對自己有信心，他便會接受新的挑戰與成長。

當一個孩子懂得愛惜自己，他便會懂得怎樣關心別人。

當一個孩子懂得自律，他便會自動自覺，懂得規劃時間。

當一個孩子懂得自理，他便會更獨立懂得照顧自己，不用要求父母事事幫忙。

這也是我跟心妍的信念。

所以當那天，心妍跟我談到她想寫些對幼稚園孩子有正向教育意義的兒歌時，我就想到這四個可以寫成日常生活故事的兒童繪本。結果，一拍即合，她提供一些故事橋段，我動筆把自己觀察的跟她的配合來寫。但這四本書最特別之處，是她寫了四首琅琅上口，極易背誦的兒歌，配合故事讓孩子邊讀邊唱，我們想傳遞給他們的價值信念，就是可以這樣「深入童心」了。

　　自從當了婆婆後，發覺自己好像「重新做人」似的，重新學習跟這一代的孩子相處。而每趟跟乖孫的互動，都是超級愉快，更發現他十分喜歡互動故事。所以當父母與孩子共讀這套書的時候，可以自加一些延伸活動：

　　如心心怕去面試，和父母玩的「扮老師」遊戲可以延續下去，好像「扮爸媽」、「扮公公婆婆」、「扮家務助理姐姐」等。這樣我們就可以知道多一點這些人物在孩子心中的形象。

　　如信信的自理故事可延伸至問孩子想幫媽媽做哪些家務，會否想幫忙「洗米」、「搓麵粉做麵包」等等，都可增加孩子對家務的興趣。有朋友告訴我，自從孩子懂得「洗米」後，他的那碗飯都是吃得一乾二淨的。

　　不少父母覺得閱讀就是要孩子「識字」，我卻深深覺得，讓孩子透過閱讀愛上閱讀，對世界充滿好奇，並覺得閱讀是跟自己的生活貼近的，才是閱讀的初衷。

至於怎樣跟孩子講書中的故事，可按他們的年齡與認知程度調校。二三歲的孩子，可以讀一兩頁，問問他書中的圖畫內容，慢慢讀慢慢欣賞繪本中的圖畫。如果孩子可專心聽，就可以一頁一頁跟他分享，歡迎家長在其中加入情節，如加入公公婆婆等，會更貼近他的生活。更加鼓勵的是，當孩子讀那本有關「自律」的繪本讀得入神時，忽然見到家中有幾本繪本沒放好，便將之放回書架，這類「讀以致用」的投入，我絕對歡迎。

　　我是個愛突發奇想，任由腦袋自由奔放想像的人。所以很歡迎各讀者（特別是爸媽）將這四個故事的主幹「妙想天開」，發揚光大。不過重要的是，故事中的四個信念：自理、自信、自律、自愛要深深種在孩子的心靈啊！

羅乃萱

# 讓孩子走上正確的道路

「教養孩童，使他走當行的道，就是到老他也不偏離。」

——箴言 22:6

　　自我成為母親後，以上這句一直都是對我十分重要的經文。孩子要從小開始教導，讓他未來走上一條正確的道路，不偏離左右。因此在創作這套繪本時，特以自理、自信、自律、自愛為主題。現在的小朋友很需要學習「自己的事自己做」，從小培養獨立的習慣。當孩子發現，在學校或日常生活上，很多事情他都可以做得到時，就能夠提高他們的信心，變得更加有自信。孩子有自信的時候，他就會有喜樂，就會有平安，就會有好的品格。

　　希望這套繪本和我創作的兒歌，都能夠祝福我們的孩子。

關心妍

心心是個很用心好學的
孩子，也是爸爸媽媽跟
哥哥信信眼中的寶貝。

上學的時候，心心很專心聽老師講課。

回家之後，
心心會自動自覺做功課。

休息的時間，
心心會專心跟哥哥信信玩大富翁。

爸爸媽媽也常稱讚她，
說她是個乖巧懂事的孩子。

但心心不敢告訴爸爸媽媽的是，
她最怕老師問問題。
每次老師問她，她都會很緊張。

晚上睡覺時看着天花板，
都會想起那些老師們
冷冷的臉孔。

這天，媽媽跟心心說：
「下星期我們要去小一面試了，好好準備啊！」

心心聽到後
感到十分害怕，心想：
「**我害怕，不想去啊！**」

晚飯後，媽媽看見心心
坐在一旁不說話，
加上最近悶悶不樂的表現，
知道心心正在為面試而擔心，
於是就想到了一個法子。

「不如我們玩一個『扮老師』遊戲，
由心心飾演老師，爸爸媽媽跟信信
就當學生來面試。」

第一次，由媽媽先當學生，
爸爸就幫心心設定問題。

「這位同學，請介紹自己。」
心心老師問。

「我叫楊媽媽，

我愛閱讀、
做菜，還有唱歌。」

心心豎起大拇指，覺得
媽媽學生回答得很好。

第二次，由爸爸當學生。

「這位同學，請介紹自己。」
心心老師問。

「我叫楊爸爸，

我愛跑步健身，
還有玩桌上遊戲。」

心心豎起大拇指，覺得
爸爸學生回答得很好。

第三次，由哥哥信信當學生。

「這位同學，請介紹自己。」
　心心老師問。

「我叫楊爾信，

我愛打乒乓球、
唱歌跳舞，還有閱讀。」

心心豎起大拇指，覺得
哥哥學生回答得很好。

接下來，心心每天都玩
「扮老師」的遊戲。

這天，媽媽跟心心說：
「我們不如換一下位置，
媽媽當老師，心心
當學生，好不好？」
心心說：「沒問題。」

「這位同學，請介紹自己。」媽媽老師問。

「我叫楊爾心，
我愛繪畫唱歌、
做柔軟體操，最愛翻筋斗。」

媽媽老師豎起大
拇指，覺得心心
回答得很好。

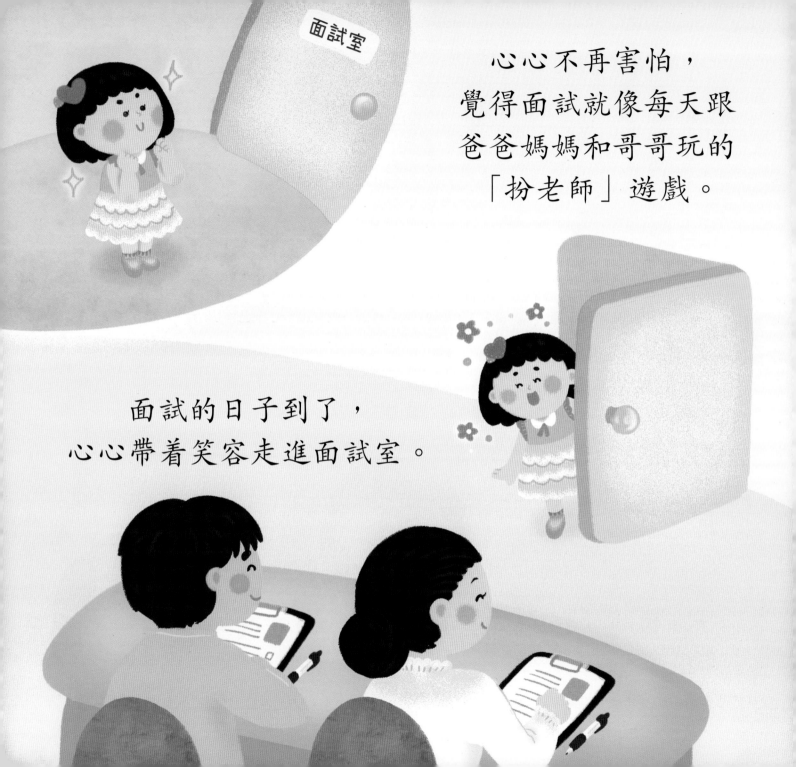

面試室

心心不再害怕，
覺得面試就像每天跟
爸爸媽媽和哥哥玩的
「扮老師」遊戲。

面試的日子到了，
心心帶着笑容走進面試室。

「這位同學，請介紹自己。」
面試的老師問。

我叫楊爾心，
我愛繪畫唱歌，
做柔軟體操，最愛翻筋斗。

老師豎起大拇指，
覺得心心回答得很好。

面試結束，心心揮手
跟老師們說再見。

走出面試室，見到爸爸媽媽，她就說：
「面試真的不可怕，就像每天跟你們玩的
『扮老師』遊戲一樣。我很有信心呢！」

爸爸媽媽連忙豎起
大拇指，說：
「是啊！我們一直
對你有信心，知道
你一定做得到的，
真棒！」

# 親子互動區

## 想一想

1. 心心為什麼害怕去面試？
2. 如果你要去面試，你會有怎樣的心情？為什麼？
3. 你最喜歡玩的遊戲是什麼？
4. 你最喜歡看的繪本是哪一本？
5. 你最害怕的事情是什麼？
6. 說一說你擅長的事情。（可多於一項）

## 動一動

1. 親子一起玩「老師話」遊戲，當「老師」的人發出動作指令之前說「老師話」，其他人便要跟從去做，沒有說「老師話」，其他人就維持原本的動作。
2. 家長與孩子玩扮爸爸／媽媽遊戲（或扮其他家庭成員），讓孩子嘗試站在他人角度去思考在某個情形下別人會怎樣做。
3. 親子一起聽聽唱唱這本書所附的兒歌，家長也可和孩子一起設計動作，邊唱歌邊跳舞。

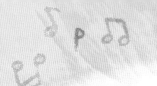

# 自信的孩子

掃描 QR 碼，
和孩子一起唱兒歌。

主唱：關心妍、楊榮心
作詞：關心妍
作曲：關心妍
編曲：李明宇

自 信 的 孩 子　自 信 會 做 到　冇 問 題　冇 問 題　用 心 聆 聽　慢 慢 嘗 試

I Can　　　I Can
我 可 以　　　我 可 以　　不 要　怕 只 需 要 做　足 好 準 備　難 題 迎 面 對　勇 敢　踏 出 去

難 關 挑 戰　只 需 努 力　大 步 大 步 攀 過　去　　作 個 有 信 心 的 小 孩 子

# 自家訓練系列 ②

# 面試我不怕

作　　者：關心妍、羅乃萱

繪　　者：Kyra Chan

責任編輯：周詩韻

美術設計：Kyra Chan

出　　版：明窗出版社

發　　行：明報出版社有限公司
　　　　　香港柴灣嘉業街18號
　　　　　明報工業中心A座15樓

電　　話：2595 3215

傳　　真：2898 2646

網　　址：http://books.mingpao.com/

電子郵箱：mpp@mingpao.com

版　　次：二〇二二年七月初版

I S B N：978-988-8688-50-0

承　　印：美雅印刷製本有限公司

版稅收益將撥捐妍亮生命慈善基金及家庭發展基金作慈善用途。